JavaScript

Sommario

Premessa

In questo libro imparerai a programmare con JavaScript, il linguaggio del Web. Ma soprattutto, diventerai un programmatore, qualcuno che non solo usa i computer, ma li sa anche controllare. Dopo aver imparato a programmare, puoi far fare ai computer quello che vuoi! JavaScript è un ottimo linguaggio di programmazione da imparare perché è utilizzato ovunque. I browser Web come Chrome, Firefox e Internet Explorer utilizzano tutti JavaScript.

Con la potenza di JavaScript, i programmatori web possono trasformare le pagine da semplici documenti in applicazioni e giochi interattivi in piena regola ma non sei limitato alla creazione di pagine web.

JavaScript può essere eseguito anche su server Web per creare interi siti Web e può anche essere utilizzato per controllare robot e altro hardware!

Questo libro è per chiunque voglia imparare JavaScript o voglia iniziare a programmare per la prima volta. Il libro è progettato per i principianti e con questo libro svilupperai gradualmente la tua conoscenza di JavaScript, iniziando con i tipi di dati semplici di JavaScript, prima di passare a tipi complessi, strutture di controllo e funzioni.

Dopodiché imparerai a scrivere codice JavaScript e lungo la strada, troverai alcuni esempi e suggerimenti per ampliare le tue capacità di programmazione e mettere a frutto ciò che hai imparato.

Ti consiglio di leggere in ordine il libro! Potrebbe sembrare una cosa sciocca ma molte persone vogliono passare direttamente alle cose divertenti, come creare giochi. Ogni capitolo ha lo scopo di costruire su ciò che è stato trattato nei capitoli precedenti, quindi se segui il percorso, avrai la strada spianata quando arriverai creerai i tuoi giochi.

I linguaggi di programmazione sono come le lingue parlate: devi imparare la grammatica e il vocabolario, questo richiede tempo. L'unico modo per migliorare è scrivere (e leggere) molto codice. Man mano che scrivi sempre più codice JavaScript, scoprirai che alcune parti del linguaggio diventano una seconda lingua e alla fine diventerai "uno scrittore" JavaScript.

Mentre leggi questo libro, ti incoraggio a digitare e testare gli esempi di codice proposti. Se non capisci appieno cosa sta succedendo, prova ad apportare piccole modifiche per vedere quale effetto hanno. Se le modifiche non hanno l'effetto che ti aspettavi, vedi se riesci a scoprire il motivo e soprattutto, sii curioso e documentati. Digitare il codice che appare nel libro è un buon primo passo ma capirai la programmazione a un livello più profondo quando inizierai a scrivere il tuo codice. Se questa è una sfida interessante, continua!

Prova a riguardare le tue soluzioni dopo aver risolto completato un esercizio, in modo da poter trovare come migliorarlo ma ricorda che ci sono molte soluzioni. Esistono molti modi diversi per raggiungere lo stesso obiettivo in JavaScript, quindi non preoccuparti se ti ritroverai con soluzioni diverse che producono lo stesso risultato! Se ti imbatti in una parola e non sai cosa significa, controlla il manuale di JavaScript e troverai tutte le definizioni dei termini di programmazione che incontrerai in questo libro.

Capitolo 1: Cos'è JavaScript

I computer sono macchine incredibilmente potenti, in grado di eseguire imprese incredibili come giocare a scacchi in modo automatico, servire migliaia di pagine web o eseguire milioni di calcoli complessi in meno di pochi secondi. Ma in fondo, i computer sono in realtà piuttosto stupidi perché possono fare esattamente ciò che noi esseri umani diciamo loro di fare. Diciamo ai computer come comportarsi utilizzando programmi per computer, che sono solo una serie di istruzioni che i computer devono seguire.

Senza programmi, i computer non possono fare nulla! Ancora peggio, i computer non possono capire l'inglese o qualsiasi altra lingua del mondo (senza programmi).

I programmi per computer sono scritti in un linguaggio di programmazione, ad esempio JavaScript. Potresti non aver mai sentito parlare di JavaScript prima, ma l'hai sicuramente usato. Il linguaggio di programmazione JavaScript viene utilizzato per scrivere programmi che vengono eseguiti nelle pagine Web. JavaScript può controllare l'aspetto di una pagina web o far sì che la pagina risponda quando un utente fa clic su un pulsante o sposta il mouse.

Siti come Gmail, Facebook e Twitter utilizzano JavaScript per semplificare l'invio di e-mail, la pubblicazione di commenti o la navigazione all'interno dei siti Web. Ad esempio, quando navighi su Twitter e vedi più tweet nella parte inferiore della pagina mentre scorri verso il basso, è tutto merito di JavaScript.

JavaScript ti consente anche di riprodurre musica e creare effetti visivi sorprendenti, tuttavia, JavaScript non è l'unico linguaggio di programmazione disponibile, infatti esistono letteralmente centinaia di linguaggi di programmazione.

D'altra parte, ci sono molte ragioni per cui imparare JavaScript. Per prima cosa, è molto più facile (e più divertente) da imparare rispetto a molti altri linguaggi di programmazione. Ma forse la cosa migliore di tutte, è che per scrivere ed eseguire programmi JavaScript, tutto ciò di cui hai bisogno è un browser web come Internet Explorer, Mozilla Firefox o Google Chrome. Ogni browser web è dotato di un interprete JavaScript che comprende come leggere i programmi JavaScript.

Una volta che hai scritto un programma JavaScript, puoi inviare alle persone un link ad esso e loro possono eseguirlo anche in un browser web sul proprio computer!

Scriviamo un po' di semplice JavaScript in Google Chrome. Installa Chrome sul tuo computer (se non è già installato), quindi aprilo e digita about:blank nella barra degli indirizzi. Ora premi INVIO e vedrai una pagina vuota. Inizieremo a codificare nella console JavaScript di Chrome, che è un modo con cui i programmatori possono testare brevi programmi JavaScript.

Su Microsoft Windows o Linux, tieni premuti i tasti CTRL + MAIUSC e premi J. Su Mac OS, tieni premuti i tasti COMMAND + OPTION e premi J. Se hai fatto tutto correttamente, dovresti vedere una pagina web vuota e, sotto quello, una console ed è lì che scriverai codice JavaScript! Quando si immette il codice nella console e si preme INVIO, JavaScript dovrebbe eseguire il codice e visualizzare il risultato (se presente) nella riga successiva.

Ad esempio, digita questo nella console:

3 + 4;

Ora premi `INVIO`. JavaScript dovrebbe restituire la risposta (7) nella riga seguente:

3 + 4;

7

Bene, è abbastanza facile. Ma JavaScript è solo una calcolatrice? Ovvio che no, proviamo qualcos'altro nel prossimo capitolo.

Struttura di un programma

Creiamo qualcosa di un po' più banale: un programma JavaScript per stampare una serie di simboli che somiglino alle facce di un gatto: =^.^=

A differenza del nostro programma precedente, questo occuperà più righe e per digitare il programma nella console, dovrai aggiungere nuove righe premendo MAIUSC-INVIO alla fine di ogni riga. (Se premi semplicemente INVIO, Chrome proverà ad eseguire ciò che hai scritto e il programma non funzionerà come previsto.

Digita questo nella console del browser:

```
// Disegna alcuni gatti
var disegnaGatti = function
(numeroGatti) {
  for (var i = 0; i < numeroGatti; i++) {
    console.log(i + " =^.^=");
  }
```

```
};
disegnaGatti(10); // Puoi inserire
qualsiasi numero
```

Alla fine, premi INVIO invece di MAIUSC-INVIO.

Dovresti vedere il seguente output:

```
0 =^.^=
1 =^.^=
2 =^.^=
3 =^.^=
4 =^.^=
5 =^.^=
6 =^.^=
7 =^.^=
8 =^.^=
9 =^.^=
```

Se hai fatto degli errori di battitura, il tuo output potrebbe apparire molto diverso o potresti ricevere un errore. Questo è ciò che intendo quando dico che i computer sono stupidi perché anche un semplice pezzo di codice deve essere perfetto perché un computer capisca cosa vuoi che faccia!

Per ora non spiegherò esattamente come funziona questo codice, ma diamo un'occhiata ad alcune delle caratteristiche di questo programma e dei programmi JavaScript in generale.

Sintassi

Il nostro programma include molti simboli, tra cui parentesi (), punto e virgola (;), parentesi graffe {}, segno di addizione (+) e alcune parole che potrebbero sembrare misteriose all'inizio (come `var` e `console.log`). Questi fanno tutti parte della sintassi di JavaScript, ovvero le regole di JavaScript su come combinare simboli e parole per creare programmi funzionanti.

Quando impari un nuovo linguaggio di programmazione, una delle parti più complicate è abituarti alle regole su come scrivere diversi tipi di istruzioni sul computer. Quando inizi per la prima volta, è facile dimenticare quando includere le parentesi o mescolare l'ordine in cui devi includere determinati valori. Mentre ti eserciti, inizierai a capirlo. In questo libro l'approccio sarà lento, graduale e costante, introducendo nuova sintassi a poco a poco in modo da poter creare programmi sempre più potenti.

Commenti

La prima riga del codice è un po' particolare ed indica un commento. I programmatori utilizzano i commenti per facilitare la lettura e la comprensione del codice da parte di altri programmatori dato che il computer ignora completamente i commenti.

I commenti in JavaScript iniziano con due barre (//) e tutto ciò che segue le barre (sulla stessa riga) viene ignorato dall'interprete JavaScript, quindi i commenti non hanno alcun effetto su come viene eseguito un programma: sono lì solo per fornire una descrizione.

Nel codice di questo libro, vedrai commenti che descrivono ciò che sta accadendo nel codice. Mentre scrivi il tuo codice ti consiglio di aggiungere i tuoi commenti così quando guarderai il tuo codice in un secondo momento, i tuoi commenti ti ricorderanno il funzionamento del codice e cosa sta succedendo in ogni passaggio.

C'è un altro commento sul codice nell'ultima riga del nostro programma. Ricorda, tutto quello che segue // non viene eseguito dal computer!

```
disegnaGatti(10); // Puoi inserire
qualsiasi numero
```

I commenti sul codice possono essere sulla loro riga, oppure possono venire dopo il tuo codice. Se metti // prima del codice da eseguire, in questo modo:

```
//disegnaGatti(10);
```

non succederà nulla! Chrome vede l'intera riga come un commento, anche se è JavaScript. Una volta che inizi a leggere il codice JavaScript nel mondo vero, vedrai anche commenti che assomigliano a questo:

```
/*
Puoi
inserire
qualsiasi
numero
*/
```

Questo è uno stile di commento diverso, utilizzato in genere per commenti più lunghi di una riga ma fa la stessa cosa: tutto ciò che si trova tra `/*` e `*/` è un commento che il computer non eseguirà.

Capitolo 2: Tipi di dati

La programmazione consiste nel manipolare i dati, ma cosa sono i dati? I dati sono informazioni che memorizziamo nei nostri programmi per computer. Ad esempio, il tuo nome è un dato, così come la tua età. Il colore dei tuoi capelli, quanti fratelli hai, dove vivi, che tu sia maschio o femmina: questi sono tutti dati.

In JavaScript, ci sono tre tipi fondamentali di dati: numeri, stringhe e booleani. I numeri sono usati per rappresentare, beh, i numeri! Ad esempio, la tua età può essere rappresentata come un numero, così come la tua altezza. I numeri in JavaScript hanno questo aspetto: 5 ;

Le stringhe vengono utilizzate per rappresentare il testo. Il tuo nome può essere rappresentato come una stringa in JavaScript, così come il tuo indirizzo e-mail. Le stringhe hanno questo aspetto:

```
"Ciao, sono una stringa";
```

I booleani sono valori che possono essere veri o falsi. Ad esempio, un valore booleano su di te sarebbe se indossi gli occhiali, un altro potrebbe essere se ti piacciono i broccoli. Un booleano ha questo aspetto: `true;`

Esistono diversi modi per lavorare con ogni tipo di dati. Ad esempio, puoi moltiplicare due numeri, ma non puoi moltiplicare due stringhe. Ad una stringa, puoi chiedere i primi cinque caratteri e con i booleani, puoi verificare se due valori sono entrambi veri.

Nell'esempio di codice seguente viene illustrata ciascuna di queste possibili operazioni:

```
99 * 123;
```

```
"Questa è una stringa".slice(0, 4);
"Questa"

true && false;
false
```

Tutti i dati in JavaScript sono solo una combinazione di questi tipi di dati. In questo capitolo, esamineremo ogni tipo e impareremo diversi modi per lavorare con ogni tipo. Avrai notato che tutti questi comandi terminano con un punto e virgola (;). I punti e virgola segnano la fine di un particolare comando JavaScript (chiamato anche istruzione), un po' come il punto alla fine di una frase.

Capitolo 3: Numeri e operatori

JavaScript consente di eseguire operazioni matematiche di base come addizione, sottrazione, moltiplicazione e divisione. Per eseguire questi calcoli, utilizziamo rispettivamente i simboli +, -, * e /, chiamati operatori. Puoi utilizzare la console JavaScript proprio come una calcolatrice, infatti, abbiamo già visto un esempio, sommando 3 e 4.

Proviamo qualcosa di più difficile. Qual è il risultato di 12.345 + 56.789?

```
12345 + 56789;
69134
```

Non è così facile da calcolare a mente ma JavaScript lo ha calcolato in pochissimo tempo. Puoi aggiungere più numeri:

```
22 + 33 + 44;
99
```

JavaScript può anche eseguire la sottrazione:

```
1000 - 17;

983
```

e moltiplicazione, utilizzando un asterisco:

```
123 * 456;
56088
```

così come la divisione:

```
12345/250;
49.38
```

Puoi anche combinare queste semplici operazioni per creare qualcosa di più complesso, come questo:

```
1234 + 57 * 3 - 31/4;
1397.25
```

Qui diventa un po' complicato, perché il risultato di questo calcolo dipenderà dall'ordine in cui JavaScript esegue ogni operazione. In matematica, la regola è che la moltiplicazione e la divisione avvengono sempre prima dell'addizione e della sottrazione e anche JavaScript segue questa regola.

E se volessi fare prima l'addizione e la sottrazione, rispetto alla moltiplicazione e alla divisione? Ad esempio, supponi di avere 1 fratello e 3 sorelle e 8 caramelle e vuoi dividere le caramelle equamente tra i tuoi 4 fratelli? (Hai già preso la tua parte).

Dovresti dividere 8 per il tuo numero di fratelli. Ecco un tentativo:

```
8 / 1 + 3;
11
```

Non può essere vero! Non puoi dare a ogni fratello 11 caramelle se ne hai solo 8! Il problema è che JavaScript esegue la divisione prima dell'addizione, quindi divide 8 per 1 (che è uguale a 8) e poi aggiunge 3 ottenendo 11.

Per risolvere questo problema e fare in modo che JavaScript esegua prima l'addizione, possiamo usare le parentesi:

```
8 / (1 + 3);
2
```

Le parentesi costringono JavaScript a sommare 1 e 3 prima di dividere 8 per 4.

Capitolo 4: Variabili

JavaScript consente di assegnare nomi ai valori utilizzando le variabili. Puoi pensare a una variabile come una scatola in cui puoi inserire un oggetto, se ci metti qualcos'altro, il primo oggetto scompare. Per creare una nuova variabile, utilizza la parola chiave `var`, seguita dal nome della variabile.

Una parola chiave è una parola che ha un significato speciale in JavaScript. In questo caso, quando digitiamo `var`, JavaScript sa che stiamo per inserire il nome di una nuova variabile. Ad esempio, ecco come creare una nuova variabile chiamata eta:

```
var eta;
undefined
```

Abbiamo creato una nuova variabile chiamata `eta`. La console restituisce `undefined` come risposta, ma questo non è un errore! È proprio quello che fa JavaScript ogni volta che un comando non restituisce alcun valore.

Che cos'è un valore di ritorno? Ad esempio, quando hai digitato `12345 + 56789;`, la console ha restituito il valore `69134`. La creazione di una variabile in JavaScript non restituisce un valore, quindi l'interprete stampa `undefined`. Per assegnare un valore alla variabile, utilizza il segno di uguale (=):

```
var eta = 12;

undefined
```

L'impostazione di un valore è chiamata assegnazione (stiamo assegnando il valore 12 alla variabile `eta`). Di nuovo, viene stampato `undefined`, perché stiamo creando un'altra nuova variabile. (Nel resto dei miei esempi, non mostrerò l'output quando non è definito.) La variabile `eta` è ora nel nostro interprete e impostata sul valore 12, ciò significa che se digiti `eta` da solo, l'interprete mostrerà tu il suo valore:

```
eta;
12
```

Fantastico! Il valore della variabile, però, non è scolpito nella pietra (si chiamano variabili perché possono variare), e se vuoi aggiornarlo, usa di nuovo il simbolo (=):

```
eta = 13;

13
```

Questa volta non ho utilizzato la parola chiave `var`, perché la variabile `eta` esiste già. È necessario utilizzare `var` solo quando si desidera creare una variabile, non quando si desidera modificare il valore di una variabile.

Nota bene, poiché non stiamo creando una nuova variabile, il valore 13 viene restituito dall'assegnazione e stampato nella riga successiva. Questo esempio leggermente più complesso risolve il problema delle caramelle di prima, senza parentesi:

```
var numeroFratelli = 1 + 3;
var numeroCaramelle = 8;
numeroCaramelle / numeroFratelli;
2
```

Per prima cosa creiamo una variabile chiamata numeroFratelli e le assegniamo il valore di 1 + 3 (che in JavaScript risulta essere 4). Quindi creiamo la variabile numeroCaramelle e le assegniamo 8. Infine, effettuiamo la divisione e JavaScript ci restituisce 2.

Fai attenzione ai nomi delle variabili, perché è facile sbagliarli. Anche se usi una lettera maiuscola o minuscola fuori posto, l'interprete

JavaScript non saprà cosa intendi! Ad esempio, se hai accidentalmente utilizzato una c minuscola in `numeroCaramelle`, riceverai un errore del tipo

```
ReferenceError: numerocaramelle is not
defined
```

Sfortunatamente, JavaScript farà esattamente ciò che gli chiedi di fare. Se sbagli a scrivere il nome di una variabile, JavaScript non ha idea di cosa intendi e mostrerà un messaggio di errore.

Un'altra cosa complicata dei nomi delle variabili in JavaScript è che non possono contenere spazi, il che significa che possono essere difficili da leggere. Avrei potuto chiamare la mia variabile `numerodicaramelle` senza lettere maiuscole, il che lo rende ancora più difficile da leggere perché non è chiaro dove finiscono le parole.

Un modo comune per aggirare questo problema è iniziare ogni parola con una lettera maiuscola come in `NumeroDiCaramelle`. Questa convenzione è chiamata CamelCase perché ricorda le gobbe di un cammello e la convenzione vuole che le variabili inizino con una lettera minuscola, per poi scrivere in maiuscolo ogni parola tranne la prima, in questo modo: `numeroDiCaramelle`.

Definiamo qualche nuova variabile sfruttando la matematica, ad esempio, puoi utilizzare le variabili per scoprire quanti secondi ci sono in un anno. Cominciamo trovando il numero di secondi in un'ora. Per prima cosa creiamo due nuove variabili chiamate `secondiInUnMinuto` e `minutiInUnOra` con valore pari a 60 (perché, come sappiamo, ci sono 60 secondi in un minuto e 60 minuti in un'ora). Quindi creiamo una variabile chiamata `secondiInUnOra` e impostiamo il suo valore sul risultato della moltiplicazione di `secondiInUnMinuto` e `minutiInUnOra`.

Passiamo al codice:

```
var secondiInUnMinuto = 60;
var minutiInUnOra = 60;
var secondiInUnOra = secondiInUnMinuto *
minutiInUnOra;
secondiInUnOra;
3600
```

Ora creiamo una variabile chiamata `oreInUnGiorno` e la impostiamo a 24. Successivamente creiamo la variabile `secondiInUnGiorno` e la impostiamo uguale a `secondiInUnOra` moltiplicato per `oreInUnGiorno`. Quando chiediamo il valore `oreInUnGiorno` otteniamo 86400, che è il numero di secondi in un'ora:

```
var oreInUnGiorno = 24;
var secondiInUnGiorno = secondiInUnOra *
oreInUnGiorno;
secondiInUnGiorno;
86400
```

Calcola quanti secondi ci sono in un anno e quanti secondi sono passati dalla tua nascita.

Incremento e decremento

Come programmatore, dovrai spesso aumentare o diminuire il valore di una variabile contenente un numero di 1 unità. Ad esempio, potresti avere una variabile che conta i tuoi amici su Facebook. Ogni volta che qualcuno ti aggiunge, dovresti aumentare quella variabile di 1 unità. L'aumento di 1 è chiamato incremento e la diminuzione di 1 è chiamato decremento, puoi incrementare e decrementare una variabile utilizzando gli operatori ++ e --.

```
var amiciFB = 0;
++amiciFB;
1
++amiciFB;
2
--amiciFB;
1
```

Quando usiamo l'operatore ++, il valore di amiciFB aumenta di 1 e quando usiamo l'operatore -- diminuisce di 1. Puoi anche mettere questi operatori dopo la variabile, in tal caso il valore che viene restituito è il valore prima dell'incremento o del decremento.

```
amiciFB = 0;
amiciFB++;
0
amiciFB++;
1
amiciFB;
2
```

In questo esempio, impostiamo di nuovo amiciFB su 0. Quando chiamiamo amiciFB++, la variabile viene incrementata ma il valore che viene stampato è il valore prima che si verificasse l'incremento. Puoi vedere alla fine (dopo due incrementi) che se chiediamo il valore di amiciFB, otteniamo 2.

Per aumentare il valore di una variabile di un certo importo, potresti usare questo codice:

```
var x = 10;
x = x + 5;
x;
15
```

Qui iniziamo con una variabile chiamata x, impostata a 10. Quindi, assegniamo x + 5 a x. Poiché x era 10, x + 5 sarà 15. Quello che stiamo facendo qui è utilizzare il vecchio valore di x per elaborare un nuovo valore per x. Pertanto, x = x + 5 significa in realtà "aggiungi 5 a x".

JavaScript offre un modo più semplice per aumentare o diminuire una variabile di una certa quantità, con gli operatori += e -=. Ad esempio, se abbiamo una variabile x, allora x += 5 equivale a dire x = x + 5. L'operatore -= funziona allo stesso modo, quindi x -= 9 sarebbe uguale a x = x - 9 ("sottrai 9 da x").

Ecco un esempio che utilizza entrambi questi operatori per tenere traccia di un punteggio in un videogioco:

```
var score = 10;
score += 7;
17
score -= 3;
14
```

In questo esempio, iniziamo con un punteggio di 10 assegnando il valore 10 alla variabile `score`. Dopo aver superato un livello, il punteggio aumenta di 7 unità usando l'operatore `+=`. Prima di battere il mostro, il punteggio era 10 e 10 + 7 è pari a 17, quindi questa operazione imposta il punteggio a 17.

Successivamente falliamo un livello e il punteggio viene ridotto di 3. Ancora una volta, `score -= 3` è uguale `score = score - 3`. Il punteggio, a questo punto, da 17 diventa 14 e quel valore viene riassegnato a `score`.

Capitolo 5: Stringhe

Finora abbiamo lavorato solo con i numeri, ora esaminiamo un altro tipo di dati: le stringhe. Le stringhe in JavaScript (come nella maggior parte dei linguaggi di programmazione) sono solo sequenze di caratteri che possono includere lettere, numeri, punteggiatura e spazi. Inseriamo stringhe tra virgolette in modo che JavaScript sappia dove iniziano e finiscono. Ad esempio, ecco un classico:

```
"Hello world!";
```

```
"Hello world!"
```

Per inserire una stringa, digita semplicemente una virgoletta doppia (") seguita dal testo che desideri nella stringa quindi chiudi la stringa con un'altra virgoletta doppia. Puoi anche utilizzare virgolette singole ('), ma per mantenere le cose semplici, useremo solo le virgolette doppie in questo libro.

Puoi salvare le stringhe in variabili, proprio come i numeri:

```
var miaStringa = "Scrivo qualcosa qui…";
```

Non c'è nulla che ti impedisca di assegnare una stringa a una variabile che in precedenza conteneva un numero:

```
var miaStringa = 5;
miaStringa = "questa è una stringa";
"questa è una stringa"
```

E se mettessi un numero tra virgolette? Sarebbe una stringa o un numero? In JavaScript, una stringa è una stringa (anche se capita di avere alcuni caratteri che sono dei numeri). Ad esempio:

```
var numeroNove = 9;
var stringaNove = "9";
```

In questo caso `numeroNove` è un numero
mentre `stringaNove` è una stringa. Per vedere
come sono diversi, proviamo a sommarli:

```
numeroNove + numeroNove;
```

```
18
```

```
stringaNove + stringaNove;
"99"
```

Quando sommiamo i valori numerici 9 e 9,
otteniamo 18. Quando usiamo l'operatore `+` su
`"9"` e `"9"`, le stringhe vengono semplicemente
unite insieme per formare `"99"`.

Unire le stringhe

Come hai appena visto, puoi usare l'operatore + con le stringhe ma il risultato è molto diverso rispetto all'uso dell'operatore + con i numeri. Quando usi + per unire due stringhe, crei una nuova stringa con la seconda stringa attaccata alla fine della prima stringa, in questo modo:

```
var saluto = "Ciao";
var nome = "Antonio";

saluto + nome;
"CiaoAntonio"
```

Qui creiamo due variabili (saluto e nome) e assegniamo a ciascuna un valore stringa ("Ciao" e "Antonio", rispettivamente). Quando sommiamo queste due variabili, le stringhe vengono combinate per creare una nuova stringa, "CiaoAntonio". Tuttavia, non sembra corretto: dovrebbe esserci uno spazio tra Ciao e Antonio.

JavaScript non inserirà uno spazio lì a meno che non lo specifichiamo aggiungendo uno spazio in una delle stringhe originali:

```
var saluto = "Ciao ";
var nome = "Antonio";

saluto + nome;
"Ciao Antonio"
```

Lo spazio extra dopo la parola Ciao tra le virgolette inserisce uno spazio anche nella stringa finale ma puoi fare molto di più con le stringhe oltre ad aggiungerle insieme.

Trovare la lunghezza di una stringa

Per ottenere la lunghezza di una stringa, aggiungi semplicemente `.length` alla fine di essa:

```
"Non so la lunghezza".length;
19
```

È possibile aggiungere `.length` alla fine della stringa effettiva o a una variabile che contiene una stringa:

```
var java = "Java";
java.length;
4

var script = "Script";
script.length;
6

var javascript = java + script;
javascript.length;
10
```

Qui si assegna la stringa `"Java"` alla variabile `java` e la stringa `"Script"` alla variabile `script`. Quindi aggiungiamo `.length` alla fine di ogni variabile per determinare la lunghezza di ogni stringa, così come la lunghezza delle stringhe combinate. Nota che puoi aggiungere `.length` alla "stringa effettiva o a una variabile che contiene una stringa". Questo illustra qualcosa di molto importante sulle variabili: ovunque tu possa usare un numero o una stringa, puoi anche usare una variabile contenente un numero o una stringa.

Singolo carattere da una stringa

A volte si desidera recuperare un singolo carattere da una stringa. Ad esempio, potresti avere un codice segreto in cui il messaggio è composto dal secondo carattere di ogni parola in un elenco di parole. Dovresti essere in grado di ottenere solo i secondi caratteri e unirli tutti insieme per creare una nuova parola.

Per ottenere un carattere in una posizione particolare all'interno di una stringa, utilizza le parentesi quadre `[]`. Crea la stringa, o la variabile contenente la stringa, inserisci la posizione del carattere che desideri tra parentesi quadre alla fine. Ad esempio, per ottenere il primo carattere di `nome`, utilizza `nome[0]`, in questo modo:

```
var nome = "Antonio";
nome[0];
"A"
nome[1];
"n"
nome[2];
"t"
```

Nota che per ottenere il primo carattere della stringa, usiamo 0 anziché 1. Questo perché JavaScript (come molti altri linguaggi di programmazione) inizia a contare da zero. Ciò significa che quando vuoi il primo carattere di una stringa devi usare 0; quando vuoi il secondo 1; e così via.

Prova a definire un codice segreto solo usando la seconda lettera di una lista di parole. Questo esercizio è molto utile perché ti aiuta a prendere confidenza con le stringhe.

Dividere le stringhe

Per dividere una parte di una grande stringa, puoi usare `slice`. Ad esempio, potresti prendere il primo pezzo di una lunga recensione di un film da mostrare come anteprima sul tuo sito web. Per utilizzare `slice`, inserisci un punto dopo una stringa (o una variabile contenente una stringa), seguito dalla parola `slice` e parentesi di apertura e chiusura. All'interno delle parentesi, inserisci la posizione iniziale e finale della sezione della stringa desiderata, separate da una virgola.

Ad esempio:

```
var stringaLunga = "Ecco qui la mia
lunga lunga stringa";
stringaLunga.slice(0, 8);
"Ecco qui"
```

Il primo numero tra parentesi è il numero del carattere da cui iniziare la nuova stringa e il secondo numero è il numero del carattere dell'ultimo carattere nella sezione. Qui fondamentalmente diciamo a JavaScript: "Estrai una sezione da questa stringa più lunga a partire dal carattere al posto 0 e continua finché non raggiungi il posto 8."

Se includi solo un numero tra parentesi dopo la slice, la stringa inizierà da quel numero e continuerà fino alla fine della stringa, in questo modo:

```
var stringaLunga = "Ecco qui la mia
lunga lunga stringa";
stringaLunga.slice( );
"la mia lunga lunga stringa"
```

Maiuscolo o minuscolo?

Se hai del testo che vuoi solo trasformare in maiuscolo, prova a usare `toUpperCase` per trasformarlo tutto in lettere maiuscole.

```
"Aiuto, salvatemi!".toUpperCase();
"AIUTO, SALVATEMI!"
```

Quando si utilizza `.toUpperCase()` su una stringa, viene creata una nuova stringa in cui tutte le lettere vengono trasformate in maiuscolo. Puoi anche fare il contrario:

```
"AIUTO, SALVATEMI!".toUpperCase();
"aiuto, salvatemi!"
```

Come suggerisce il nome, `.toLowerCase()` rende tutti i caratteri minuscoli. Ma le frasi non dovrebbero sempre iniziare con una lettera maiuscola? Come possiamo prendere una

stringa e rendere la prima lettera maiuscola
ma trasformare il resto in minuscolo?

Ecco un metodo:

```
var testoAiuto = "aiUTo, SALvaTEmi!";
var minuscolo =
testoAiuto.toLowerCase();
var primoCarattere = minuscolo[0];
var primoCarattereUpper =
primoCarattere.toUpperCase();
var parteRestante = minuscolo.slice(1);
primoCarattereUpper + parteRestante;
"Aiuto, salvatemi!"
```

Esaminiamo questa riga per riga. Creiamo
una nuova variabile chiamata testoAiuto e
salviamo la stringa che vogliamo modificare in
quella variabile. Otteniamo la versione
minuscola di testoAiuto con .toLowerCase()
e la salviamo in una nuova variabile chiamata
minuscolo. Usiamo [0] per ottenere il primo
carattere e salvarlo in primoCarattere (0 è
usato per recuperare il primo carattere).
Quindi creiamo una versione maiuscola e la

chiamiamo `primoCarattereUpper`. Usiamo slice per ottenere tutti i caratteri in `minuscolo`, a partire dal secondo carattere e salvarlo in `parteRestante`. Infine, in ❻, aggiungiamo `primoCarattereUpper` a `parteRestante` per ottenere `"Aiuto, salvatemi!"`.

Poiché valori e variabili possono essere sostituiti l'uno con l'altro, potremmo trasformare alcune righe in una sola riga, in questo modo:

```
var testoAiuto = "aiUTo, SALvaTEmi!";
testoAiuto[0].toUpperCase() +
testoAiuto.slice(1).toLowerCase();
"Aiuto, salvatemi!"
```

Tuttavia, può essere fonte di confusione seguire il codice scritto in questo modo quindi è una buona idea usare le variabili per ogni passaggio di un'attività complicata come questa, almeno finché non ti senti più a tuo

agio nel leggere questo tipo di codice un po'
più complesso.

Capitolo 6: Booleani

Un valore booleano è semplicemente un valore vero o falso. Ad esempio, ecco una semplice espressione booleana.

```
var miPiaceJavascript = true;
miPiaceJavascript;
true
```

In questo esempio, abbiamo creato una nuova variabile chiamata `miPiaceJavascript` e le abbiamo assegnato il valore booleano `true`. Sulla seconda riga, otteniamo il valore di `miPiaceJavascript`, che, ovviamente, è vero!

Operatori logici

Proprio come puoi combinare numeri con operatori matematici (+, -, *, / e così via), puoi combinare valori booleani con operatori booleani. Quando si combinano valori booleani con operatori booleani, il risultato sarà sempre un altro valore booleano (vero o falso). I tre principali operatori booleani in JavaScript sono &&, || e !. Possono sembrare un po' strani, ma con un po' di pratica non sono difficili da usare.

&& significa "e", utilizza l'operatore && con due valori booleani per vedere se sono entrambi veri. Ad esempio, prima di andare al lavoro, vuoi assicurarti di aver fatto la doccia e di avere lo zaino con il PC. Se entrambe sono vere, puoi andare a lavorare, ma se una o entrambe sono false, non puoi andare a lavorare.

```
var docciaFatta = true;
var hoPresoZaino = false;
docciaFatta && hoPresoZaino;
false
```

Qui impostiamo la variabile docciaFatta su true e la variabile hoPresoZaino su false. Quando entriamo in docciaFatta && hoPresoZaino, in pratica chiediamo a JavaScript: "Entrambi questi valori sono veri?" Poiché non sono entrambe vere (non hai preso lo zaino), JavaScript restituisce false (non sei pronto per andare a lavorare).

Riproviamo, con entrambi i valori impostati su true:

```
var docciaFatta = true;
var hoPresoZaino = true;
docciaFatta && hoPresoZaino;
true
```

Adesso JavaScript ci dice che `docciaFatta &&`
`hoPresoZaino` è vero.

L'operatore booleano `||` significa "o", è
possibile utilizzare questo operatore con due
valori booleani per scoprire se uno dei due è
vero. Ad esempio, supponi che ti stai ancora
preparando per andare a lavorare e devi
prendere un frutto per pranzo ma non importa
se prendi una mela o un'arancia o entrambe.

Puoi utilizzare JavaScript per vedere se ne hai
almeno uno, in questo modo:

```
var melaPresa = true;
var aranciaPresa = false;
melaPresa || aranciaPresa;
true
```

`melaPresa || aranciaPresa` sarà vero se
`melaPresa` o `aranciaPresa` è vero, o se
entrambi sono veri. Ma se entrambi sono falsi,
il risultato sarà falso (non hai alcun frutto).

! significa solo "non", usalo per trasformare falso in vero o vero in falso. Ciò è utile per lavorare con valori opposti.

Ad esempio:

```
var siamoNelWeekend = true;
var svegliarmiPresto = !siamoNelWeekend;
svegliarmiPresto;
false
```

In questo esempio, impostiamo la variabile siamoNelWeekend su true. Quindi impostiamo la variabile svegliarmiPresto su !siamoNelWeekend. L'operatore converte il valore nel suo opposto, quindi se siamoNelWeekend è vero, allora avremo un valore che non è vero (è falso).

Quando chiediamo il valore di svegliarmiPresto, diventa falso (non hai bisogno di svegliarti presto oggi, perché è il fine settimana). Poiché `svegliarmiPresto` è falso, `!svegliarmiPresto` sarà vero.

Combinazione di operatori logici

Gli operatori diventano interessanti quando si inizia a combinarli. Ad esempio, dovresti andare a lavorare se non è il fine settimana e hai fatto la doccia e hai una mela o un'arancia. Potremmo controllare se tutto questo è vero con JavaScript, in questo modo:

```
var siamoNelWeekend = false;
var docciaFatta = true;
var melaPresa = false;
var aranciaPresa = true;
var andareLavoro = !siamoNelWeekend &&
docciaFatta && (melaPresa ||
aranciaPresa);
andareLavoro;
true
```

In questo caso, non è il fine settimana, hai fatto la doccia e non hai una mela ma hai un'arancia, quindi dovresti andare a lavorare. `melaPresa || aranciaPresa` è tra parentesi perché vogliamo assicurarci che JavaScript esegua prima quella funzione. Proprio come JavaScript calcola la moltiplicazione e poi l'addizione con i numeri, calcola anche `&&` prima di `||` nelle dichiarazioni logiche.

Confronti con booleani

I valori booleani possono essere utilizzati per rispondere a domande sui numeri che hanno una semplice risposta sì o no. Ad esempio, immagina di gestire un parco a tema e una delle giostre ha un limite di altezza: gli utenti devono essere alti almeno 160 cm, altrimenti potrebbero cadere! Quando qualcuno vuole fare un giro e ti dice la sua altezza, devi sapere se è maggiore di questo limite.

Possiamo usare l'operatore maggiore di (>) per vedere se un numero è maggiore di un altro. Ad esempio, per vedere se l'altezza di un utente (165 cm) è maggiore del limite di altezza (160 cm), potremmo impostare la variabile `altezza` pari a 165 e la variabile `altezzaLimite` pari a 160, quindi confrontare i due:

```
var altezza = 165;
var altezzaLimite = 160;
altezza > altezzaLimite;
true
```

Con `altezza > altezzaLimite`, chiediamo a JavaScript di dirci se il primo valore è maggiore del secondo. In questo caso, l'utente è abbastanza alto! E se un utente fosse alto esattamente 160 cm?

```
var altezza = 160;
var altezzaLimite = 160;
altezza > altezzaLimite;
false
```

Oh no! L'utente non è abbastanza alto! Ma se il limite di altezza è di 160 cm, non dovrebbero essere ammesse persone che sono alte esattamente 160 cm? Dobbiamo aggiustarlo.

Fortunatamente, JavaScript ha un altro operatore, `>=`, che significa "maggiore o uguale a":

```
var altezza = 160;
var altezzaLimite = 160;
altezza >= altezzaLimite;
true
```

L'opposto dell'operatore "maggiore di" (>) è l'operatore "minore di" (<). Questo operatore potrebbe tornare utile se una giostra fosse progettata solo per bambini.

Per scoprire se due numeri sono esattamente uguali, utilizzare il triplo segno di uguale (===), che significa uguale a ma attenzione a non confondere === con un unico segno di uguale (=), perché === significa "questi due numeri sono uguali?" mentre = significa "salva il valore a destra nella variabile a sinistra".

In altre parole, === pone una domanda, mentre = assegna un valore a una variabile. Quando si utilizza =, il nome di una variabile deve essere a sinistra e il valore che si desidera salvare in quella variabile deve essere a destra. D'altra parte, === viene utilizzato solo per confrontare due valori per vedere se sono uguali quindi non importa quale valore si trovi su quale lato.

Ad esempio, supponiamo che stai conducendo una competizione con i tuoi amici Antonio, Luca e Giovanni per vedere chi può indovinare il tuo numero segreto, che è 5.

Hai detto ai tuoi amici che il numero è compreso tra 1 e 9 e iniziano a indovinare. Per prima cosa imposti numeroSegreto uguale a 5. Il tuo primo amico, Antonio, suppone che sia 3. Vediamo cosa succede dopo:

```
var numeroSegreto = 5;
var numAntonio = 3;
numeroSegreto === numAntonio;
false

var numLuca = 7;
numeroSegreto === numLuca;
false

var numGiovanni = 5;
numeroSegreto === numGiovanni;
```

`true`

La variabile `numeroSegreto` memorizza il numero segreto. Le variabili `numAntonio`, `numLuca` e `numGiovanni` rappresentano le ipotesi dei tuoi amici e utilizziamo `===` per vedere se ciascuna ipotesi è uguale al tuo numero segreto. Il tuo terzo amico, Giovanni, vince indovinando il numero 5.

Quando confronti due numeri con `===`, diventa vero solo quando entrambi i numeri sono uguali. Poiché `numGiovanni` è 5 e `numeroSegreto` è 5, restituisce `true`. Le altre ipotesi non corrispondevano a `numeroSegreto`, quindi è stato restituito `false`. Puoi anche usare `===` per confrontare due stringhe o due booleani. Se usi `===` per confrontare due diversi tipi, ad esempio, una stringa e un numero, restituirà sempre `false`.

Ora per confondere un po' le cose: c'è un altro operatore JavaScript (doppio uguale o ==) che significa "uguale". Usalo per vedere se due valori sono uguali, anche se uno è una stringa e l'altro è un numero. Il numero 5 è diverso dalla stringa "5", anche se sostanzialmente sembrano la stessa cosa.

Se utilizzi === per confrontare il numero 5 e la stringa "5", JavaScript ti dirà che non sono uguali. Ma se usi == per confrontarli, ti dirà che sono gli stessi:

```
var cinqueStringa = "5";
var cinqueNumero = 5;
cinqueStringa === cinqueNumero;
false

cinqueStringa == cinqueNumero;
true
```

A questo punto, potresti pensare: "Sembra molto più facile usare il doppio uguale che il triplo uguale!". Devi stare molto attento, però, perché il doppio uguale può creare confusione, ad esempio, pensi che 0 sia uguale a falso? E la stringa `"false"`?

Quando usi il doppio uguale, 0 è uguale a `false`, ma la stringa `"false"` non lo è:

```
0 == false;
true

"false" == false;
false
```

Questo perché quando JavaScript cerca di confrontare due valori con doppio uguale, prima cerca di renderli dello stesso tipo. In questo caso, converte il valore booleano in un numero. Se converti booleani in numeri, `false` diventa 0 e `true` diventa 1. Quindi, quando digiti `0 == false`, ottieni `true`! A causa di questa stranezza, è probabilmente più sicuro usare `===`.

undefined e null

Infine, abbiamo due valori un po' particolari. Sono chiamati undefined e null. Entrambi sono usati per significare "niente", ma in modi leggermente diversi. undefined è il valore che JavaScript utilizza quando non ha un valore per qualcosa. Ad esempio, quando crei una nuova variabile e non imposti il suo valore su alcunché utilizzando l'operatore =, il suo valore sarà impostato su undefined:

```
var variabile;
variabile;
undefined
```

Il valore null viene solitamente utilizzato quando si desidera dire deliberatamente "Questo è vuoto".

```
var variabile = null;
variabile;
null
```

A questo punto, non utilizzerai molto spesso `undefined` o `null`. Vedrai `undefined` se crei una variabile e non ne imposti il valore, perché `undefined` è ciò che JavaScript ti darà sempre quando non ha un valore. Non è molto comune impostare qualcosa come indefinito; se senti il bisogno di impostare una variabile su "niente", dovresti invece usare `null`.

Il valore `null` viene utilizzato solo quando si desidera effettivamente dire che qualcosa non è presente, il che è utile occasionalmente.

Ad esempio, supponi di utilizzare una variabile per monitorare qual è il tuo ortaggio preferito. Se odi tutte le verdure e non ne hai una preferita, potresti impostare la variabile verdura preferita su zero. L'impostazione della variabile su `null` renderebbe ovvio a chiunque che non hai un ortaggio preferito. Se fosse `undefined`, tuttavia, qualcuno potrebbe pensare che non hai ancora impostato un valore.

Capitolo 7: Array

Finora abbiamo imparato a conoscere numeri stringhe e booleani, che sono tipi di dati che puoi utilizzare nei tuoi programmi. Tuttavia, i numeri e le stringhe sono un po' noiosi perché non c'è molto che puoi fare con una stringa da sola. JavaScript ti consente di creare e raggruppare i dati in modi più interessanti con gli array.

Un array è solo un elenco di altri valori di dati JavaScript. Ad esempio, se un tuo amico ti chiedesse quali sono i tuoi tre dinosauri preferiti, potresti creare un array con i nomi di quei dinosauri, nell'ordine:

```
var dinosauriFavoriti = ["T-Rex",
"Velociraptor", "Stegosaurus"];
```

Quindi, invece di dare al tuo amico tre stringhe separate, puoi semplicemente usare il singolo array `dinosauriFavoriti`.

Perché dovresti preoccuparti degli array? Guardiamo di nuovo i dinosauri. Supponi di voler utilizzare un programma per tenere traccia dei molti tipi di dinosauri che conosci. Potresti creare una variabile per ogni dinosauro, come questa:

```
var dinosauro1 = "T-Rex";
var dinosauro2 = "Velociraptor";
var dinosauro3 = "Stegosaurus";
var dinosauro4 = "Triceratops";
var dinosauro5 = "Brachiosaurus";
var dinosauro6 = "Pteranodon";
var dinosauro7 = "Apatosaurus";
var dinosauro8 = "Diplodocus";
var dinosauro9 = "Compsognathus";
```

Questo elenco è piuttosto scomodo da usare, tuttavia, perché hai nove variabili diverse quando potresti averne solo una. Immagina di tenere traccia di 1000 dinosauri!

Dovresti creare 1000 variabili separate, con cui sarebbe quasi impossibile lavorare. È come se avessi una lista della spesa ma ogni articolo è su un foglio di carta diverso. Avresti un pezzo di carta con scritto "uova", un altro pezzo con scritto "pane" e un altro pezzo con scritto "arance".

La maggior parte delle persone scriverebbe l'elenco completo delle cose che desidera acquistare su un unico pezzo di carta. Non sarebbe molto più facile se potessi raggruppare tutti e nove i dinosauri in un unico posto? Puoi farlo ed è qui che entrano in gioco gli array.

Creazione

Per creare un array, devi solo usare le parentesi quadre []. In effetti, un array vuoto è semplicemente una coppia di parentesi quadre, come questa:

```
[];
```

```
[]
```

Ma a cosa serve un array vuoto? Riempiamolo con i nostri dinosauri! Per creare un array con valori al suo interno, inserisci i valori, separati da virgole, tra parentesi quadre. Possiamo chiamare i singoli valori in un array oggetti o elementi. In questo esempio, i nostri elementi saranno stringhe (i nomi dei nostri dinosauri preferiti) quindi li scriveremo tra virgolette. Memorizzeremo l'array in una variabile chiamata dinosauri:

```
var dinosaurs = ["T-Rex",
"Velociraptor", "Stegosaurus",
"Triceratops", "Brachiosaurus",
"Pteranodon", "Apatosaurus",
"Diplodocus", "Compsognathus"];
```

Gli elenchi lunghi possono essere difficili da leggere su una riga, ma fortunatamente questo non è l'unico modo per formattare (o disporre) un array. Puoi anche formattare un array con una parentesi quadra aperta su una riga, l'elenco degli elementi dell'array ciascuno su una nuova riga e una parentesi quadra chiusa, in questo modo:

```
var dinosauri = [
"T-Rex",
"Velociraptor",
"Stegosaurus",
"Triceratops",
"Brachiosaurus",
"Pteranodon",
"Apatosaurus",
"Diplodocus",
"Compsognathus"
];
```

Se desideri inserirlo nella console del browser, dovrai tenere premuto il tasto MAIUSC quando premi il tasto INVIO per ogni nuova riga. Altrimenti l'interprete JavaScript penserà che tu stia tentando di eseguire la riga corrente, che è incompleta. Mentre lavoriamo nell'interprete, è più facile scrivere array su una riga. Che tu scelga di formattare gli elementi in un array su una riga o su righe separate, per JavaScript è lo stesso.

Indipendentemente dal numero di interruzioni di riga che utilizzi, JavaScript vede solo un array, in questo esempio un array contenente nove stringhe.

Accesso agli elementi

Quando è il momento di accedere agli elementi di un array, usa le parentesi quadre con l'indice dell'elemento che desideri, come puoi vedere nel seguente esempio:

```
dinosauri[0];
"T-Rex"
```

```
dinosauri[3];
"Triceratops"
```

Un indice è il numero che corrisponde al punto dell'array in cui è memorizzato un valore. Proprio come con le stringhe, il primo elemento in un array è all'indice 0, il secondo all'indice 1, il terzo all'indice 2 e così via.

Ecco perché chiedendo l'indice 0 dall'array dei `dinosauri` viene restituito `"T-Rex"` (che è il primo nell'elenco) e l'indice 3 restituisce `"Triceratops"` (che è il quarto nell'elenco).

È utile poter accedere a singoli elementi da un array. Ad esempio, se volessi solo mostrare a qualcuno il tuo dinosauro preferito in assoluto, non avresti bisogno dell'intero array di dinosauri. Vorresti solo il primo elemento:

```
dinosauri[0];
```

```
"T-Rex"
```

Modificare gli elementi

È possibile utilizzare gli indici tra parentesi quadre per impostare, modificare o persino aggiungere elementi a un array. Ad esempio, per sostituire il primo elemento nell'array dei dinosauri (`"T-Rex"`) con `"Tyrannosaurus Rex"`, potresti fare questo:

```
dinosauri[0] = "Tyrannosaurus Rex";
```

Dopo averlo fatto, la matrice dei dinosauri sarà simile a questa:

```
["Tyrannosaurus Rex", "Velociraptor",
"Stegosaurus", "Triceratops",
"Brachiosaurus", "Pteranodon",
"Apatosaurus", "Diplodocus",
"Compsognathus"]
```

È inoltre possibile utilizzare parentesi quadre con indici per aggiungere nuovi elementi a un array. Ad esempio, ecco come puoi creare l'array dei dinosauri impostando ogni elemento individualmente con parentesi quadre:

```
var dinosauri = [];
dinosauri[0] = "T-Rex";
dinosauri[1] = "Velociraptor";
dinosauri[2] = "Stegosaurus";
dinosauri[3] = "Triceratops";
dinosauri[4] = "Brachiosaurus";
dinosauri[5] = "Pteranodon";
dinosauri[6] = "Apatosaurus";
dinosauri[7] = "Diplodocus";
dinosauri[8] = "Compsognathus";
dinosauri;
["T-Rex", "Velociraptor", "Stegosaurus",
"Triceratops",
"Brachiosaurus", "Pteranodon",
"Apatosaurus", "Diplodocus",
"Compsognathus"]
```

Quindi, con ogni riga successiva aggiungiamo un valore alla lista con una serie di voci `dinosauri[]`, dall'indice 0 all'indice 8. Una volta terminato l'elenco, possiamo visualizzare l'array.

Vediamo che JavaScript ha memorizzato tutti i nomi ordinati in base agli indici. Puoi effettivamente aggiungere un elemento in qualsiasi indice tu desideri. Ad esempio, per aggiungere un nuovo dinosauro (inventato) all'indice 33, potresti scrivere quanto segue:

```
dinosauri[33] = "Philosoraptor";

dinosauri;
["T-Rex", "Velociraptor", "Stegosaurus",
"Triceratops",
"Brachiosaurus", "Pteranodon",
"Apatosaurus", "Diplodocus",
"Compsognathus", undefined × 24
"Philosoraptor"]
```

Gli elementi tra gli indici 8 e 33 saranno undefined. Quando esegui l'output dell'array, Chrome ti dice utilmente quanti elementi sono indefiniti, invece di elencarli tutti individualmente.

Combinazione di tipi di dati

Gli elementi di un array non devono essere tutti dello stesso tipo. Ad esempio, l'array seguente contiene un numero (3), una stringa ("dinosauri"), un array (["triceratops", "stegosaurus", 3627.5]) e un altro numero (10):

```
var arrayMisto = [3, "dinosauri",
["triceratops", "stegosaurus", 3627.5],
10];
```

Per accedere a un singolo elemento nell'array interno di questo array, dovresti semplicemente utilizzare un secondo insieme di parentesi quadre. Ad esempio, arrayMisto[2] restituisce l'intero array interno, arrayMisto[2][0] restituisce solo il primo elemento di quell'array interno, che è "triceratops".

```
arrayMisto[2];
["triceratops", "stegosaurus", 3627.5]
arrayMisto[2][0];
"triceratops"
```

Quando digitiamo `arrayMisto[2][0]`, diciamo a JavaScript di guardare l'indice 2 dell'array `arrayMisto`, che contiene l'array `["triceratops", "stegosaurus", 3627.5]`, e di restituire il valore a indice 0 di quel secondo array. L'indice 0 è il primo valore del secondo array, che è `"triceratops"`.

Trovare la lunghezza

A volte è utile sapere quanti elementi ci sono in un array. Ad esempio, se continui ad aggiungere dinosauri al tuo array, potresti dimenticare quanti dinosauri hai. La proprietà `length` di un array ti dice quanti elementi ci sono nell'array. Per trovare la lunghezza di un array, aggiungi semplicemente `.length` alla fine del suo nome. Proviamolo, per prima cosa creeremo un nuovo array con tre elementi:

```
var amici = ["Luca", "Antonio",
"Michele"];
amici[0];
"Luca"
amici[1];
"Antonio"
amici[2];
"Michele"
```

Per trovare la lunghezza dell'array, aggiungi `.length` ad `amici`:

```
amici.length;
```

3

JavaScript ci dice che ci sono 3 elementi nell'array e sappiamo già che hanno le posizioni di indice 0, 1 e 2. Questo ci dà un'informazione utile: l'ultimo indice in un array è sempre lo stesso numero della lunghezza dell'array meno 1. Ciò significa che esiste un modo semplice per accedere all'ultimo elemento di un array, per quanto lungo l'array sia:

```
amici[amici.length - 1];
"Michele"
```

Adesso, abbiamo chiesto a JavaScript un elemento dal nostro array ma invece di inserire un numero di indice tra parentesi quadre, abbiamo usato un po' di matematica: lunghezza dell'array meno 1.

JavaScript trova `amici.length`, ottiene 3 e quindi sottrae 1 per ottenere 2. Quindi restituisce l'elemento con indice 2 - l'ultimo maniaco dell'array, `"Michele"`.

Aggiungere elementi

Per aggiungere un elemento alla fine di un array, puoi utilizzare il metodo push. Aggiungi .push al nome dell'array, seguito dall'elemento che desideri aggiungere tra parentesi, in questo modo:

```
var animali = [];
animali.push("Gatto");
1
animali.push("Cane");
2
animali.push("Cavallo");
3
animali;
["Gatto", "Cane", "Cavallo"]
animali.length;
3
```

Qui creiamo un array vuoto con var animali = []; e quindi utilizziamo il metodo push per aggiungere "Gatto" all'array. Quindi, usiamo di nuovo push per aggiungere "Cane" e poi "Cavallo". Quando si visualizzano gli animali,

vediamo che `"Gatto"`, `"Cane"` e `"Cavallo"`
sono stati aggiunti all'array, nello stesso
ordine in cui li abbiamo inseriti.

L'atto di eseguire un metodo in
programmazione è noto come chiamare (o
invocare) il metodo. Quando chiami il metodo
`push`, accadono due cose, per prima cosa,
l'elemento tra parentesi viene aggiunto
all'array. In secondo luogo, viene restituita la
nuova lunghezza dell'array. Ecco perché vedi
quei numeri stampati ogni volta che chiami
`push`.

Per aggiungere un elemento all'inizio di un
array, puoi usare `.unshift(elemento)`, in
questo modo:

```
animali;
["Gatto", "Cane", "Cavallo"]

animali[0];
"Gatto"

animali.unshift("Scimmia");
```

```
animali;
["Scimmia", "Gatto", "Cane", "Cavallo"]

animali.unshift("Orso");
```

```
animali;
["Orso", "Scimmia", "Gatto", "Cane",
"Cavallo"]

animali[0];
"Orso"

animali[2];
"Gatto"
```

Qui abbiamo iniziato con l'array che abbiamo utilizzato, `["Gatto", "Cane", "Cavallo"]`. Quindi, quando aggiungiamo gli elementi `"Scimmia"` e `"Orso"` all'inizio dell'array con `unshift`, i vecchi valori vengono spostati di un indice ogni volta. Quindi `"Gatto"`, che originariamente era all'indice 0, ora è all'indice 2.

Ancora una volta, `unshift` restituisce la nuova lunghezza dell'array ogni volta che viene chiamato, proprio come `push`.

Rimozione di elementi

Per rimuovere l'ultimo elemento da un array, puoi rimuoverlo aggiungendo `.pop()` alla fine del nome dell'array. Il metodo `pop` può essere particolarmente utile perché fa due cose: rimuove l'ultimo elemento e restituisce l'ultimo elemento come valore. Ad esempio, iniziamo con il nostro array di animali `["Orso", "Scimmia", "Gatto", "Cane", "Cavallo"]`.

Quindi creeremo una nuova variabile chiamata `ultimoAnimale` e vi salveremo l'ultimo animale chiamando `animali.pop()`.

```
animali;
["Orso", "Scimmia", "Gatto", "Cane",
"Cavallo"]

var ultimoAnimale = animali.pop();
ultimoAnimale;
"Cavallo"

animali;
["Orso", "Scimmia", "Gatto", "Cane"]
```

```
animali.pop();
"Cane"

animali;
["Orso", "Scimmia", "Gatto"]

animali.unshift(ultimoAnimale);
4

animali;
["Cavallo", "Orso", "Scimmia", "Gatto"]
```

Quando chiamiamo `animali.pop()`, l'ultimo elemento dell'array degli `animali`, `"Cavallo"`, viene restituito e salvato nella variabile `ultimoAnimale`. Anche `"Cavallo"` viene rimosso dall'array, il che ci lascia con quattro animali.

Quando chiamiamo di nuovo `animali.pop()`, `"Cane"` viene rimosso dall'array e restituito, lasciando solo tre animali nell'array. Quando abbiamo utilizzato `animali.pop()` su `"Cane"`, non lo abbiamo salvato in una variabile, quindi quel valore non viene più salvato da nessuna parte.

"Cavallo", invece, è stato salvato nella variabile ultimoAnimale, così possiamo riutilizzarlo ogni volta che ne abbiamo bisogno.

Abbiamo usato unshift(ultimoAnimale) per aggiungere "Cavallo" di nuovo sulla parte anteriore dell'array. Questo ci dà una serie finale di ["Cavallo", "Orso", "Scimmia", "Gatto"].

I metodi push e pop sono una coppia utile perché a volte ti interessa solo la fine di un array. Puoi inserire un nuovo elemento nell'array e poi rimuoverlo quando sei pronto per usarlo.

Per rimuovere e restituire il primo elemento di un array, usa .shift():

```
animali;
["Cavallo", "Orso", "Scimmia", "Gatto"]
var primoAnimale = animali.shift();
primoAnimale;
"Cavallo"
```

animali;
["Orso", "Scimmia", "Gatto"]

Il metodo `animali.shift()` fa la stessa cosa di `animali.pop()` ma l'elemento viene invece rimosso dalla testa dell'array. All'inizio di questo esempio gli animali sono `["Cavallo",` `"Orso",` `"Scimmia",` `"Gatto"]`. Quando chiamiamo `shift()` sull'array, il primo elemento, `"Cavallo"`, viene restituito e salvato in `primoAnimale`. Poiché `shift()` rimuove il primo elemento oltre a restituirlo, alla fine gli animali sono solo `["Orso",` `"Scimmia",` `"Gatto"]`. Puoi utilizzare `unshift` e `shift` per aggiungere e rimuovere elementi dall'inizio di un array proprio come useresti `push` and `pop` per aggiungere e rimuovere elementi dalla fine di un array.

Come esercizio crea un array che contenga le istruzioni del tragitto da casa a lavoro.

Capitolo 8: Oggetti

Gli oggetti in JavaScript sono molto simili agli array, ma gli oggetti utilizzano stringhe al posto di numeri per accedere ai diversi elementi. Le stringhe sono chiamate "chiavi" o proprietà e gli elementi a cui puntano sono chiamati "valori". Insieme, queste informazioni sono chiamate coppie chiave-valore. Mentre gli array sono usati principalmente per rappresentare elenchi di più cose, gli oggetti sono spesso usati per rappresentare singole cose con più caratteristiche o attributi.

Ad esempio, nel capitolo precedente abbiamo creato diversi array che elencavano diversi nomi di animali. Ma cosa succederebbe se volessimo memorizzare diverse informazioni su un animale?

Creazione

Potremmo memorizzare molte informazioni su un singolo animale creando un oggetto JavaScript. Ecco un oggetto che memorizza informazioni su un gatto a tre zampe di nome Pippo.

```
var gatto = {"gambe": 3, "nome":
"Pippo", "colore": "Grigio"};
```

Qui creiamo una variabile chiamata `gatto` e le assegniamo un oggetto con tre coppie chiave-valore. Per creare un oggetto, usiamo le parentesi graffe `{}` invece delle parentesi quadrate che abbiamo usato per creare gli array. Tra le parentesi graffe, inseriamo coppie chiave-valore. Le parentesi graffe e tutto il resto sono chiamati oggetto letterale. Un oggetto letterale è un modo per creare un oggetto scrivendo l'intero oggetto in una volta.

Nota bene, abbiamo anche visto letterali array (ad esempio `["a", "b", "c"]`), letterali numerici (ad esempio 37), letterali di stringa (ad esempio `"prova"`) e letterali booleani (`true` e `false`). Letterale significa semplicemente che l'intero valore viene scritto in una volta, non costruito in più passaggi. Ad esempio, se si desidera creare un array con i numeri da 1 a 3, è possibile utilizzare l'array letterale `[1, 2, 3]` oppure puoi creare un array vuoto e quindi utilizzare il metodo `push` per aggiungere 1, 2 e 3 all'array. All'inizio non sai sempre cosa ci sarà nel tuo array o oggetto, motivo per cui non puoi sempre usare i letterali per creare array e oggetti.

Quando si crea un oggetto, la chiave va prima dei due punti (`:`) e il valore va dopo. I due punti si comportano un po' come un segno di uguale: i valori a destra vengono assegnati ai nomi a sinistra, proprio come quando crei le variabili. Tra ogni coppia chiave-valore, devi inserire una virgola. Nota che non è necessaria una virgola dopo l'ultima coppia chiave-valore (colore: "Grigio") poiché è l'ultima coppia chiave-valore e viene seguita da una parentesi graffa di chiusura.

Chiavi senza virgolette

Nel nostro primo oggetto, abbiamo messo ogni chiave tra virgolette ma non è necessario - anche questo è un oggetto letterale `gatto` valido:

```
var gatto = {gambe: 3, nome: "Pippo",
colore:"Grigio"};
```

JavaScript sa che le chiavi saranno sempre stringhe, motivo per cui puoi omettere le virgolette. Se non metti le virgolette attorno alle chiavi, tali chiavi devono seguire le stesse regole dei nomi delle variabili: gli spazi non sono consentiti in una chiave senza virgolette, ad esempio. Se metti la chiave tra virgolette, sono consentiti spazi:

```
var gatto = {gambe: 3, "nome completo":
"Gatto Pippo", colore: "Grigio"};
```

Nota che mentre una chiave è sempre una stringa (con o senza virgolette), il valore per quella chiave può essere qualsiasi tipo di valore o anche una variabile contenente un valore. Puoi anche scrivere l'intero oggetto su una riga ma può essere più difficile da leggere, sempre meglio spezzarlo in questo modo:

```
var gatto = {
    gambe: 3,
    nome: "Pippo",
    colore: "Grigio"
};
```

Accesso ai valori

È possibile accedere ai valori negli oggetti utilizzando le parentesi quadre, proprio come con gli array. L'unica differenza è che al posto dell'indice (un numero), userai la chiave (una stringa).

```
gatto["nome"];
"Pippo"
```

Proprio come le virgolette attorno alle chiavi sono opzionali quando si crea un oggetto letterale, sono opzionali anche quando si accede alle chiavi negli oggetti. Se non utilizzerai le virgolette, tuttavia, il codice avrà un aspetto leggermente diverso:

```
gatto.nome;
"Pippo"
```

Questo stile è chiamato notazione a punti (dot notation) perché invece di digitare il nome della chiave tra virgolette tra parentesi quadre dopo il nome dell'oggetto, usiamo semplicemente un punto, seguito dalla chiave, senza virgolette.

Come con le chiavi senza virgolette nei letterali di oggetto, questo funzionerà solo se la chiave non contiene caratteri speciali, come gli spazi. Invece di cercare un valore digitandone la chiave, supponi di voler ottenere un elenco di tutte le chiavi in un oggetto. JavaScript ti offre un modo semplice per farlo, utilizzando `Object.keys()`:

```
var cane = { nome: "Dolly", eta: 6,
colore: "Bianco", verso: "Bau bau!" };
var gatto = { nome: "Pippo", eta: 8,
colore: "Grigio" };

Object.keys(cane);
["nome", "eta", "colore", "verso"]

Object.keys(gatto);
["nome", "eta", "colore"]
```

`Object.keys(oggetto)` restituisce un array contenente tutte le chiavi di `oggetto`.

Aggiungere i valori

Un oggetto vuoto è proprio come un array vuoto, ma utilizza parentesi graffe {} invece di parentesi quadrate:

```
var oggetto = {};
```

Puoi aggiungere elementi a un oggetto proprio come aggiungeresti elementi a un array ma utilizzi stringhe invece di numeri:

```
var gatto = {};
gatto ["gambe"] = 3;
gatto ["nome"] = "Pippo";
gatto ["colore"] = "Grigio";
gatto;
{colore: "Grigio", gambe: 3, nome: "Pippo"}
```

Ecco, abbiamo iniziato con un oggetto vuoto chiamato gatto. Quindi abbiamo aggiunto tre coppie chiave-valore, una per una quindi, digitiamo `gatto;` e il browser mostra il contenuto dell'oggetto.

Tuttavia, browser diversi possono produrre oggetti in modo diverso. Ad esempio, Chrome (nel momento in cui sto scrivendo questo) genera l'oggetto gatto in questo modo:

```
Object {gambe: 3, nome: "Pippo", colore:
"Grigio"}
```

Mentre Chrome stampa il contenuto dell'oggetto in quest'ordine (gambe, nome, colore), altri browser potrebbero stamparli in modo diverso. Questo perché JavaScript non memorizza gli oggetti con le loro chiavi in un ordine particolare.

Gli array hanno ovviamente un certo ordine: l'indice 0 viene prima dell'indice 1 e l'indice 3 è dopo l'indice 2. Con gli oggetti, non c'è un modo ovvio per ordinare ogni elemento, il `colore` dovrebbe essere prima delle `gambe` o dopo? Non esiste una risposta "corretta" a questa domanda, quindi gli oggetti memorizzano semplicemente le chiavi senza assegnare loro un ordine particolare e, di conseguenza, browser diversi stamperanno le chiavi in ordini diversi.

Per questo motivo, non dovresti mai scrivere un programma che si basi sul fatto che le chiavi degli oggetti siano in un ordine preciso.

Aggiungere le chiavi

È anche possibile utilizzare la notazione punto quando si aggiungono nuove chiavi. Proviamo l'esempio precedente, in cui abbiamo iniziato con un oggetto vuoto e aggiunto le chiavi, ma questa volta useremo la notazione con il punto:

```
var gatto = {};
gatto.gambe = 3;
gatto.nome = "Pippo";
gatto.colore = "Grigio";
```

Se richiedi una proprietà di cui JavaScript non è a conoscenza, esso restituisce il valore speciale undefined. Il valore undefined significa semplicemente "Non c'è niente qui!" Ad esempio:

```
var cane = {nome: "Milly", gambe: 4,
tagliaPiccola: true};
cane.grande;
undefined
```

Qui definiamo tre proprietà per il cane: `nome`, `gambe` e `tagliaPiccola`. Non abbiamo definito `grande`, quindi `cane.grande` restituisce `undefined`.

Combinazione di array e oggetti

Finora abbiamo esaminato solo gli array e gli oggetti che contengono tipi semplici come numeri e stringhe. Ma nulla ti impedisce di utilizzare un altro array o un altro oggetto come valore in un array o in un oggetto. Ad esempio, un array di oggetti di dinosauri potrebbe avere questo aspetto:

```
var dinosauri = [
  {nome: "Tyrannosaurus Rex", periodo:
"Late Cretaceous"},
  {nome: "Stegosaurus", periodo: "Late
Jurassic"},
  {nome : "Plateosaurus", periodo:
"Triassic"}
];
```

Per avere tutte le informazioni sul primo dinosauro, puoi usare la stessa tecnica che abbiamo usato prima, inserendo l'indice tra parentesi quadre:

```
dinosauri[0];
{nome: "Tyrannosaurus Rex", periodo:
"Late Cretaceous"}
```

Se vuoi ottenere solo il nome del primo dinosauro, puoi semplicemente aggiungere la chiave dell'oggetto tra parentesi quadre dopo l'indice dell'array:

```
dinosauri[0]["nome"];
"Tyrannosaurus Rex"
```

Oppure puoi usare la notazione a punti, in questo modo:

```
dinosauri[1].periodo;
"Late Jurassic"
```

Vediamo ora un esempio più complesso. Creeremo un array di oggetti amici, in cui ogni oggetto contiene anche un array. Per prima cosa, creeremo gli oggetti e poi li inseriremo tutti in un array.

```
var anna = {nome: "Anna", eta: 28,
numeriFortunati: [2, 4, 8, 16]};

var davide = {nome: "Davide", eta: 35,
numeriFortunati: [3, 9, 40]};

var vincenzo = {nome: "Vincenzo", eta:
29, numeriFortunati: [1, 2, 3]};
```

Per prima cosa, creiamo tre oggetti e li salviamo in variabili chiamate `anna`, `davide` e `vincenzo`. Ogni oggetto ha tre chiavi: `nome`, `eta` e `numeriFortunati`. A ogni chiave del nome è assegnato un valore stringa, a ciascuna chiave dell'età è assegnato un singolo valore numerico e ogni chiave `numeriFortunati` ha un array, contenente alcuni numeri diversi.

Successivamente creeremo un array dei nostri amici:

```
var amici = [anna, davide, vincenzo];
```

Ora abbiamo un array salvato nella variabile `amici` con tre elementi: `anna`, `davide` e `vincenzo` (ciascuno dei quali fa riferimento a oggetti). Puoi recuperare uno di questi oggetti usando il suo indice nell'array:

```
amici[1];
{nome: "Davide", eta: 29,
numeriFortunati: Array [3]}
```

Questo recupera il secondo oggetto nell'array, `davide` (all'indice 1). Chrome stampa `Array [3]` per l'array `numeriFortunati`, che è solo il suo modo di dire "Questo è un array di tre elementi". (Puoi utilizzare Chrome per vedere cosa c'è in quell'array tramite l'esplorazione di oggetti nella console.)

Possiamo anche recuperare un valore all'interno di un oggetto inserendo l'indice dell'oggetto tra parentesi quadre seguito dalla chiave che vogliamo recuperare:

```
amici[2].nome
"Vincenzo"
```

Questo codice richiede l'elemento all'indice 2, che è la variabile chiamata `vincenzo` e poi chiede la proprietà in quell'oggetto sotto la chiave `"nome"`, che è `"Vincenzo"`. Potremmo anche recuperare un valore da un array che si trova all'interno di uno degli oggetti all'interno dell'array `amici`, in questo modo:

```
amici[0].numeriFortunati[1];
4
```